이런 사랑 어떤가요

목영해 사랑시 모음

교육과학사

머리말

대학 신입생 시절부터 시를 쓰기 시작하여 다양한 주제의 많은 시를 써왔다. 이렇게 쓴 시들 중에서 '사랑' 특히 '남녀 간의 사랑'을 주제로 한 시, 그리고 사랑과 연계된 정서인 '기다림', '외로움', '그리움'의 시들을 골라 한 권의 책으로 펴낸다.

사실 우리나라 근 · 현대 시인들은 '남녀 간의 사랑'을 주제로 한 시들을 별로 쓰지 않았다. 다시 말해 '사랑하는 일'은 '먹는 일', '자는 일'만큼이나 삶에 있어서 매우 중요한 본질적인 일임에도 불구하고, 그 동안 우리 시인들은 자연 속 삶을 예찬하거나, 인간의 부조리함, 정의롭지 못한 사회현실을 지적하는 시를 주로 써왔다. 고결한 천상 신분의 시인이 '뽕짝'이라는 대중가요의 가사로나 쓰이는 '사랑 타령'을 시의 주제로 삼을 수 없다는 이유에서 그리한 것이다.

그럼에도 나는 불구하고 시의 주제에 있어서 성역뿐만이 아니라 기피영역도 있어서는 안 된다는 신념 아래 남녀 애정사를 주제로 한 시를 꾸준히 써왔고, 이렇게 쓴 시들을 모아 '이런 사랑 어떤가요'라는 이름을 가진 시집을 출간하고자 하는 것이다.

긴 시간에 걸쳐 써진 시를 묶어 출간하는지라, 곰곰이 들여다보니, 실린 글들의 시적 완성도가 들쑥날쑥하여 당황스럽다. 하지만 농익은 사랑도 좋지만 설익은 사랑도 나름대로 좋듯이, 설익은 사랑시도 나름대로 좋을 것이라는 생각에서 고르지 않은 시적 완성도에 대하여 괘념치 않기로 했다.

이 시집의 글들이 있음으로 하여 우리 모두의 일상사인 '사랑살이'가 더 향기롭고 윤기 있게 이루어지기를 소망한다.

2018. 10. 9

백양산이 보이는 서재에서

목영해

CONTENTS

CONTENTS

CONTENTS

1부

사랑타령

사랑은 좋겠네요

산골마을에선 사랑을
심는 것이 좋겠네요
꽃나무를 심듯
넉넉하지만 갑갑하지 않게
사랑이 온 산에 가득하도록

도심에서는 사랑을
세우는 것이 좋겠네요
와이파이 안테나를 세우듯
촘촘하지만 겹치지 않게
사랑이 잘 터지도록

놀이공원에선 사랑을
띄워 올리는 것이 좋겠네요
애드벌룬을 띄우듯
높지만 날아가 버리지 않게
사랑이 잘 보이도록

바다마을에선 사랑을
내다 말리는 것이 좋겠네요
어물을 말리듯
햇볕아래에서 상하지 않게
맛있게 조리해 먹을 수 있도록

사랑은 할 것이 많아서 좋겠네요
참으로 좋겠네요

사랑은 계절처럼

봄날의 사랑은
가슴에 담지 않으리
꽃을 본 듯 눈에만 담으리
꽃이 진 후의 우울함을 생각하며

여름날의 사랑도 마음에 심지 않으리
가랑비 맞은 듯 살갗에만 머물게 하리
비 그친 뒤의 축축함을 생각하며

가을날의 사랑도 심장에 남기지 않으리
과일을 베어 문 듯 혀끝에만 남기리
상한 과일의 씁쓸한 맛을 기억하며

겨울날의 사랑도 영혼에 새기지 않으리
바람 소리 들은 듯 귀에만 맴돌게 하리
바람 지난 후의 적막함을 생각하며

사랑은 계절처럼 흘러가게 하리
사랑의 상처는
너무도 아프기에
그냥 가게 하리

사랑은 다가오리

사랑은 보푸라기처럼 일어나리
내 남색 스웨터에 핀 보푸라기처럼
살아 부대끼다 보면
까슬한 촉감으로 다가오리
한 번 손짓에 불붙는 라이터가 아닌
마주하면 미워지기도 하고
마주하면 좋아지기도 하는
그런 모습으로 내 사랑은 찾아오리
올곧은 일상이 어그러짐에
벗어보기도 하고
털어보기도 하고
때로 가위질도 하겠지만
몸 익은 옷의 보푸라기처럼
그렇게 내 사랑은 찾아오리
낯설지 않는 모습으로 다가오리

사랑이라 한다

쏘옥~ 빼먹고는 사랑이라 한다
벌어진 석류, 그 속 농익은 알갱이 쏘옥 빼먹고 난 뒤
촉촉하고 우리한 아랫도리 느낌을 사랑이라 한다

등골 쏘옥~ 빼먹고는 사랑이라 한다
여기 가자, 저기 가자
이것 사다오, 저것 왜 안 사주느냐
지갑이 마르도록 후려쳐 놓고는 그것을 사랑이라 한다

마음 쏘옥~ 빼먹고서는 사랑이라 한다
이런 말 저런 몸놀림으로
멀쩡하던 사람
핸드폰 손에 쥔 전봇대 만들어 놓고선
사랑이라 한다

뜨고 지는 태양에 걸터앉아
사랑타령을 한다

아닌 것 같은데 아닌 것 같은데 아닌 것 같은데 아닌 것 같은데
아닌 것 같은데 아닌 것 같은데

진흙 밭에서 꺾어 온 연꽃
눈알 쏘옥~ 빼놓을 듯 지켜보며
이것이야 말로 진짜배기 사랑이라 한다

붙박이장 사랑

장롱식 사랑이 아닌
붙박이장 사랑을 하고 싶다
화려한 자개 박음이 없어도
고가 브랜드 로고가 찍혀있지 않아도
한 번 자리 잡으면 이동하지 않는 사랑
집 지을 때 들어서서 집과 함께 사라져갈 사랑
언제나 그 자리에서 반갑게 품어주는 사랑
그런 사랑을 하고 싶다
사랑의 붙박이가 되고 싶다

사랑의 치수

사랑에 치수가 있는가?
내의 치수 신발 치수와 같은 치수가
사랑에도 있는가?
지난 사랑은 헐거워 불편했다
치수 큰 신발을 신고
먼 길 가는 것처럼

그러나 지금의 사랑은
꽉 조여 갑갑하다
작은 치수의 옷을 입은 것 같이

사랑에도 치수가 있는가?
내 신발 치수 60같은
내의 치수 100같은 치수가
내 사랑에 있기나 한건가?

돌이켜 보니

맨발이었을 때가
옷을 입지 않았을 때가
가장 행복 했었다

선글라스식 사랑

선글라스를 쓰려합니다
눈부시어 맨눈으로는 볼 수 없는 사랑
거친 눈길에 부서질까 두려운 사랑
그런 사랑을 지키기 위해
선글라스를 쓰려합니다

선글라스를 끼려합니다
두근거림이 들키고 싶지 않은 사랑
바라만 보아도 동공이 풀리는 사랑
도저히 눈 맞춤을 할 수 없는 사랑
그런 사랑을 지키기 위해
선글라스를 끼려합니다

모든 것을 장밋빛이게 하는 마술 도구
그것을 눈에 씌우려 합니다

사랑 수배

사랑을 찾습니다
모래알같이 흩어져버린 사랑을
시멘트 노릇 못한 제 잘못이기에
되찾아
콘크리트 사랑을 만들려 합니다

사랑을 찾습니다
수증기처럼 사라져버린 사랑을
끓어 넘치지 않게 하지 못한 저의 불찰이 있기에
되돌려 와
증류수 사랑을 제조하려 합니다

– 사랑이 이렇게 쉽게 가버릴 줄 알았으면
고이 다루었을 터인데
소중하게 가꾸었을 터인데

사랑을 찾습니다
지워진 글씨 같은 사랑을
지우개 잘못 놀린 나의 실수이기에
그 사랑 되가져와
다시는 지워지지 않게 쓰려 합니다

그런 내 사랑
어딨는지 아시는 분 없나요?

질긴 사랑

바람에 날려 보내나
강물에 띄워 보내나
떠나보내는 것은 마찬가지

이별의 시작은 마음을 굳게 먹는 일 이별의 끝은 연락처를 지우는 일 잊어야지 잊어야지 폰을 꺼내 사진과 주소를 지우는 손가락이 떨린다 잊을 수 있을까 잊을 수 있을까 이별은 만남의 또 다른 시작이라는 생각이 술안주로 먹은 스넥처럼 꾸역꾸역 올라오지만 기분은 5층에서 던져진 뽑기 곰인형같이 떨어진다 벌써 그리운 걸 보고 싶은 걸 생각과 감정이 충돌하는 현장 뒤집을 것인지 아닌지 결정은 몸의 기억에 맡겨야 하나 나도 모르는 내 몸의 기억에 기대야 하나

바람을 일으키며 돌아오나
물보라를 일으키며 돌아오나
돌아오는 것은 매한가지
마음이 들든 나가든
질긴 사랑에 대한 몸의 기억도 매한가지

사랑하는 이의 사명

사랑하는 이만이 느낄 수 있는 온기가 있다
그 온기로 하여
해는 뜨고
꽃은 피고
별은 반란을 꿈꾼다

사랑하는 이만이 맡을 수 있는 향기가 있다
그 향기로 하여
암수는 짝짓기를 하고
과일은 익으며
벌은 침을 준비한다

사랑하는 사람들 간에
마음껏
온기를 나누고
향기를 맡게 하라

온기가 몸을 감싸면
삶의 매듭은 풀지 않아도 장식이 되고
향기에 취하면
삶의 굴곡은 메우지 않아도 품격이 되리니

사랑하는 이의
온기와 향기가
집에
들에
길에 가득한 날
별은 빛나고
꿀벌은 꿀을 모으리니

사랑하는 이들에게
바람이 전해준 숭고한 사명을 알게 하라

사랑의 힘

꽃잎은 시들어도
향기는 시들지 않는다

사랑의 힘

나뭇잎은 탈색하여도
가지 끝에서 이는 바람 소리는 탁해지지 않는다

사랑의 힘

바닷물에 내려앉은 햇살을
파도는 떨치지 않는다
눈부시는 반짝임으로 축복할 뿐

사랑의 힘

감아 오르는 넝쿨을

바위는 밀쳐내지 않는다
하늘을 오르는 버팀목이 되어 줄 뿐

사랑의 힘

가슴을 열어도
열정은 날아가지 않는다
아름다운 추억으로 승화할 뿐

그 위대한 사랑의 힘

사랑이 아닙니다

힘들지 않으면 사랑이 아닙니다

어깨 너머로 배운 것이 아니래도
몇 년 치 달력에 푹 담겨졌던 묵은 것이래도
몸이 달아오르지 않는다면
말이 입에서 맴돌기만 하면
그것은 사랑이 아닙니다.

그러기에, 날개 가진 것도
꼬리를 가진 것도
사랑 앞에서는
날개를 폈다 접었다 하고
꼬리를 올렸다 내렸다 하고
꽃들은 몸을 뒤틀며 땀 내음을 풍기지요

아기자기하고 재미있는 것은
사랑이 아닙니다

마음대로 되기만 하는 것은
더 더욱 사랑이 아닙니다

사랑은 참으로 애가 쓰이는 일입니다

사랑 리셋

사랑도 리셋이 가능한가요?

보일러가 움질거리면
리셋을 하듯
사랑도 주춤거릴 때면
리셋을 할 수가 있나요?

전자제품이 오작동 하면
리셋 버튼을 누르듯
사랑에도 '밀당'이 어긋날 때 누를 수 있는
리셋 버튼이 있나요?

컴퓨터에 버플링이 잦으면
리셋을 실행하듯
사랑에도 프로그램 실행이 더딜 때면 두드릴 수 있는
리셋 키보드가 있나요?

작동이 시원찮아도 새 제품 찾지 않고
리셋 버튼 눌러 처음 값으로 돌려보듯
사랑이 망가질 때
새 사람을 찾지 않고
처음 만난 때 마음으로 돌려놓을 수 있나요?
가슴 두근거리고
다리 후들거리던
그 시절로 돌아갈 수 있나요?
이런 사랑 어떤가요?

이런 사랑 어떤가요?

욕탕에서 몸을 불리듯
시기가 무르익길 기다리는 사랑
뜨거운 김이 술술 묻어나는 사랑
어떠한지요?

혈액순환이 좋지 않은 듯
사랑이 잘 돌지 않을 때는
반신욕 하듯 반만 빠뜨리는 사랑
온탕 냉탕을 오가듯 밀고 당기는 사랑
이런 사랑 어떠한가요?

권태기에서 헤어 나오지 못할 때는
때를 밀듯 몸을 부비는 사랑
비누 샤워를 하여
매끈매끈하고 향기로운 사랑
이런 사랑 어떠한가요?

목욕 후 뽀얘진 얼굴같이
예쁘게 거듭난 사랑
이런 사랑
좋지 아니한가요?

봄날의 사랑

가랑이 사이를 지나간 햇살을 좇아
몸을 엎고 보니
– 봄날이데요

불근대고 끄덕대는 기운을 주체할 수가 없어
몸을 들이대고 보니
– 봄날이데요

몸에 걸친 옷이 갑갑스러워
훌렁훌렁 벗고 보니
– 봄날이데요

사랑의 'ㅅ'만 내뱉어도
꽃잎이 저절로 열리는
그런 봄이데요
참으로 황홀한 봄이 지나가고 있데요

유약한 사랑

그대여
바람 없는 곳으로 가자
사랑은 흔들리는 것
큰 바람 불어
사랑이 날아가면 어쩌려나

그대여
햇빛 가려진 곳으로 가자
사랑은 빛 바래는 것
햇살 쏟아져
사랑색이 변하면 어쩌려나

그대여 단단한 물건 없는 곳으로 가자
사랑은 깨어지는 것
단단한 물건에 부딪혀
사랑이 부서지면 어쩌려나

그대여
그런데
나는 변덕 많은 아이처럼 혼돈스럽다

그대가 나에게 준 사랑이
이렇듯 유약했었던가
내가 그대에게 준 사랑이
그렇듯 소심했었던가

바람 부는 양지 쪽 바위에 앉아
그대를 기다린다
우리의 사랑을 가늠키 위해

매화 사랑

매화 잎 한 장 날아와
손가락 사이를 빠져 지나간다
꽃 색 보다 더 하얀 손이 가늘게 떤다
잡지 못한 사랑이 손끝을 찌르는 듯

술잔을 든다
매화 잎이 새겨진 술잔으로
저버린 사랑이 그리워지지 않게
얼굴이 하얘지도록
차라리
내가 매화가 되기 위해
술을 마신다

술 취한 매화와 술잔 매화의 마주함

바람이 다시 일고
흐트러진 숨결이

마주한 매화 잎으로 몰아친다

코를 자극하는 매화주 냄새
날아가지 않는 꽃잎
술잔에 빠져버린 코팅된 사랑
아! 향기 없는 매화 잎

일어나 걸으리라
술잔을 내려놓고
날아간 매화꽃의 흔적을 쫓아가리라
짧은 시간
그 강렬했던 느낌이 시키는 대로 하리라

사랑은 소통이다

담 벽 같은 먹구름이 하늘을 틀어막은 날
깜빡거리는 초록불 속으로
그대는 떠나고
닫혀진 마음처럼 켜지던 붉은 신호등

오가는 걸음들은 멈추어 섰지만
뒤엉킨 느낌 위로
많은 차들이 지나갔었다
새 길을 내려는 듯
아픔을 느낄 새도 없이

긴 시간이 흐르고서야
그 길목 신호등 앞에 다시 섰다
꽃을 한 아름 안은 채
길 건널 준비를 하고서

이제는 알 것 같다

사랑은 소통이라는 것을
생각과 느낌의 일방통행이 시작되면
사랑도 끝이 남을…

빨간불이 끝나고
초록불이 들어왔다

독백하는 이에게 초록불은
떠나감의 부호이지만
소통하는 이에게 초록불은
동행의 부호이다

커튼 걷힌 먼 집들의 창문이
환하게 웃으며 길을 건너온다
초록불의 점멸 리듬에 맞추어
나도 건너간다
경쾌하게

이제는 안다
사랑은 소통임을
막힌 것은 사랑이 아님을

사랑의 끝

사랑의 끝은
점자로 쓰인 일기장을 덮는 일

사랑으로
멀었던 눈에
떠나는 이의 뒷모습 보이면
하얀 수화 장갑을 끼는 일

말문이 막혀 할 수 없는 말을
잘 가시라는 인사를
손으로 하는 일

앞만 보고 가시더라도
소리 내지 않고
멀어지는 모습을
눈에 담는 일

다시 사랑에 눈 먼다하더라도
오래 잊히지 않게
눈동자에 깊이 새기는 일

가을 사랑

여름 지나
가을 옷을 입는데
문득 손끝에 집히는 지폐

가을 사랑은
호주머니 속 지폐 같느니
재수인 듯 손에 집히는 지폐같이
느닷없이 다가오리니
손익은 촉감으로 다가오리니

그 사랑 꺼내보지 않으리
어떤 지폐인지 확인하지 않으리

그 사랑 애써 말하지 않으리
손에 와 닫는 지폐의 첫 느낌만 기억하리

네온불 사랑

떠나는 이를 내려놓고
돌아오는 길
자동차 룸미러엔 선홍빛 노을이 들고
이제 낯설어진 차창 밖 풍경들은
블랙박스에 빨려든다
추억들도 함께

이제 네온불 사랑을 하리라

서쪽 하늘만 바라보다
노을이 돼버리는 사랑이 아닌
네온불 사랑을 하리라

끝내 재처럼 사라지는
노을빛 사랑이 아니라
밤새 그 모습 그대로 반짝거리는
네온불 사랑을 하리라

살갗만 건드리는 사랑
술내 나는 도로 위의 사랑이라 하더라도
네온불 사랑을 하리라

문득 문득
서쪽 하늘을 보고 서 있다 하더라도
네온불 사랑을 하리라

차 되돌려 미친 듯 달리게 될지라도
노을빛 사랑이 아닌
네온불 사랑을 하리라

단풍 사랑

첫째, 움직이지 않는 마음

움직일 수 없었지요 그대 향한 마음을
아쉽게 아쉽게
잎사귀만 흔들어 보였지요
그러다
애잔한 마음 끝내 전하지 못했지요
아니, 그대는 모르는 척 하였지요

둘째, 조용한 자학

이제는 마음을 거두려 합니다
다른 이에게 옮겨 갈 수도 없기에
마음 담아 보였던 모양새는 비틀고
청초한 색상은 놓아버리려 합니다
차갑고 축축한 흙바닥에 내려놓으려 합니다

셋째, 무심한 색감

바람도 정취(情趣)에 취한 가을 어느 날
그대는 야산 언저리에서
떨어진 나뭇잎 하나 주어 들겠지요
꼭 깨문 입술의 핏자국을 보며
"단풍색이 곱다" 하시겠지요
"참으로 곱다" 하시겠지요 …

외다리 사랑

사랑 없이 산다는 것은
외다리로 서 있는 일

꿋꿋하게 버티는 것 같아 보여도
속으로는 하염없이 주저앉는 일

한 쪽 다리를 접어 올릴 땐 미소를 보였지만
균형을 잡을 땐 발길질도 하였지만
그 미소를, 그 발길질을
두고두고 후회하는 일

사랑 없이 사는 일의 고통은
외다리로 걸어본 사람만이 아는 일

사랑하며 산다는 것은
두 발로 걸어다님을
감사해야 하는 일
축복해야 하는 일

망각 그리고 사랑

산모가 산통을 잊고
다시 애기를 가지듯
마라토너가 달리는 고통을 잊고
다시 런닝화를 신 듯
우리는 헤어질 때의 고통을 잊고서
다시 만나고 사랑을 합니다

망각 그리고 사랑

잊혀진 자리에 뿌리내린 사랑은
춤추듯 입 꼬리가 올라가지만
홀로 잊혀지는 사랑의 눈꼬리엔
깊은 늪이 생깁니다

하여, 바람은 문고리를 쥐었다 놓고
비는 유리창에 얼굴을 부비댑니다

기도하듯 되새겨도
모든 것을 지워내는 시간의 힘

술 깬 뒤의 고통을 잊고
술꾼이 다시 술잔을 쥐듯
질 때의 초라함을 잊기 위해
꽃이 다시 피어나듯
우리는 잊기 위해 사랑을 합니다
레테의 강*에 빠진 듯
사랑을 합니다

* 물을 마시면 과거에 대한 모든 기억이 사라진다는, 그리스 신화에 나오는 강의 이름. '망각의 강'으로도 불린다.

첫사랑

흐릿한 빛살이 눈앞을
흑백 사진 되게 하는 늦은 저녁

지친 바람결에 흐트러진
은빛 머릿결 쓸어 올리다
불현듯 부르고 싶은 이름

소리 내어 부르면
그 이름 날아가 지워질까
차마 부르지 못하는 이름

나는 아직 잊지 않았는데
그녀는 잊었을까?
풀잎 이슬 같이 순수했지만 짧았던 시간들
첫눈 맞기도 전에 손톱 끝에 걸려버린
봉숭아 꽃물 같은 사연들

이제는 파스텔 그림이 되어 버렸네
네 잎 클로버 책갈피처럼 변해 버렸네

아른거리기만 하는 모습
미안하다 못해 죄스러워지는 마음
그래서 눈 흘기고픈 세월

추억의 두께만큼
그 향기만 진해지는 따뜻한 기억

열차 안 사랑

달리는 열차 안에선
“사랑한다” 말하지 않으리
사랑이란 움직이는 것이라며
떠나간 그녀가 생각나기 때문에

달리는 열차 안에선
“사랑한다” 말하지 않으리
열차가 울컥거리어
울먹이는 소리로 들리면 안 되기 때문에

달리는 열차 안에선
“사랑한다” 말하지 않으리
사랑이 뒷자리에 날아가
잘못 전해지면 안 되기 때문에

열차는 멈추지 않고
차창 밖은 어둠에 들고

그녀는 어깨에 기대어 잠들어 버렸다

맥주 캔에서 쏟아져
귓전에 울리는 소리
“달리는 열차 속의 사랑은
말로써 하는 것이 아니야
손을 잡아주는 거야”

열차의 속도만큼
따뜻해지는 손

그때 나는 사랑에 지쳐 있었다

웅크리고 있던 방을 나와
현관에 우두커니 섰다
그리고 신발을 몇 번이나 고쳐 신고
집을 나와
길에 섰다

햇살이 휘몰아치고
방향 모를 바람이 분다

나는 너무 오래 떠돌았다
지친 사랑과 외로움의 공포 사이를
쉬지도 못하고 떠돌았다
떠도는 일이 지침과 공포심 보다 더 고통스러웠다
하기야 선택하는 일보다
망설이는 일이 더 고통스럽지 않던가?

하여 이제 방이 아닌 길에서 방황키로 하였다

경적 소리에 놀라고
발끝에 채이고
땀 냄새 배인
사랑과 외로움을 지켜보기로 하였다

햇빛에 바래고
바람도 맞고
벌레에 물린
지침과 공포심을 지켜보기로 하였다

친구가 말했었다
지친 사랑과 외로움의 공포 가운데
하나를 선택하면
알려 달라고
자기도 그 길을 가겠노라고

해지고 바람도 멈추었지만
나는 아직도 집밖에 있다

그런 사람 여기에 있습니다

새가 되고자 하는 사람이 있습니다
훨훨 날고 싶어서가 아니라
새의 좀잇장 기억력에 기대기 위해
새가 되려는 사람이 있습니다.

견적서만 나풀거리는 시대
조각난 사랑의 악몽을 접고
다시 팜 파탈에게 기꺼이 빠지려는 사람
그래서 눈길이 새삼 가고
새머리에 덤으로 날개까지 달아주고 싶은 사람
여기에 있습니다.

망각의 새가 기꺼이 되려는 대책 없는 사람
여기에 있습니다
닮고 싶지는 않지만
친해지고는 싶은 사람
지금 거울 앞에 있습니다

2부

기다림, 그리움 그리고 외로움

기다림 1

기다림의 끝은

그리움을
흙에 묻는 일

풀잎의 작은 흔들림에도
울렁이는 가슴을 진정키 위해
노을을 등 뒤로 하여 서는 일

삐져나오는 울음을
벌레소리로 위장하는 일

그리고
다음날 새로운
기다림을 시작하는 일

사랑하는 이여

아시는지요
기다림이 너무 깊으면
만남도 슬픔이 되는 것을

기다림 2

서쪽 하늘에 금성별이 보이더니
동쪽 하늘이 벌써 밝아져옵니다

열어둔 문에는
바람의 흔적만 있습니다

바람을 맞이하는 문소리는
얼마나 야속하면서도 반갑던지
눈길이 자꾸만 갔습니다

현관에 나가 막 돌아오신 듯
신발을 내어놓고
그대 사진에 말을 걸어 봅니다
"보고 싶었어요"

되돌아 온건 새벽 공기의 싸늘함뿐이지만
나는 오늘도 문을 잠그지 않을 것입니다

해가 나면 그대 마음도 녹을 것임을 믿기 때문입니다
마음 따뜻해지면 돌아올 것을 믿기 때문입니다

오늘은 화단의 꽃들이
물기를 머금은 듯 유난히 곱습니다

이별 1

뚝뚝 떨어지는 것은 이별의 눈물이 아닙니다
이별의 눈물은 뺨을 타고 흘러내릴 뿐입니다

떠나는 이여
굳이 떠나시려든
해질 무렵 떠나지 마십시오
해질 무렵 떠나시려든
석양을 향해 떠나지 마십시오
흐르는 눈물에 노을이 스며들어
피눈물로 보이면
그대 발걸음이 더욱 무거워지잖아요

떠나는 이여
꼭 떠나시려든
오늘 지나 내일
아침 이슬이 맺히기 전에
떠나십시오

이슬은
스며들지 않고
쭈르르 떨어져
찬연히 부서집니다
우리의 애틋한 추억을
이슬처럼 부서지게 할 수 없잖아요
추억은 제가 간직할테니
그대는 몸만 가십시오

떠나려는 그대가
왜 하늘을 쳐다보는지
발로 흙을 마냥 쓰다듬는지
저는 압니다

새벽잠이 많은 그대
굳이 떠나시려든
이슬 맺히기 전
새벽에 떠나십시오

이별 2

그대가 떠나간 날
사전에서 '기다림'이란 단어를 지워 버렸다

흔들리는 어깨선을 따라
무너지는 마음의 수평

몇 날이나 울지 않는 연습을 하였는데
얼굴을 감싼 손가락 사이로
흘러내리는 혼돈스러움
이별에는 준비가 소용없음을 이제야 알게 되다니

넓어진 방엔 앉을 곳이 없고
시계소리 외는 아무 것도 들리지 않아
서둘러 문밖에 나와
그대가 떠난 방향으로
우두커니 섰다

아! 이것이 이별이구나
가슴 저민다는 그 이별이구나

예전엔 몰랐는데
지금 보니 노을이 참으로 곱다

그리움 1

1.
그리워하는 이의 붉어진 눈시울이 모여
노을이 된다

그리우면 노을 물든 강변에 가자
가서 흘러가는 강물에
그리운 얼굴을 띄워 보내자

그리워하는 이의 흐느낌이 모여
강물이 되고
그리워하는 이의 수선스러움이 모여
갈대의 서걱거림이 된다

그리우면 갈대밭에 가자
갈대 소리에 숨어
그리운 이름을 목 놓아 불러 보자

노을 속에서 그리워해 보지 아니한 삶은
아름다운 삶이 아니다

그리워하기에 아름다운 이여
그리우면 노을 물든 강변에 가자
가서, 먼 땅 끝에서도 볼 수 있게
하염없이 아름다워 지자

2.
그리움도 취하는가
눈시울이 붉어지도록 노을이나 쳐다보게

갈대 잎이 서걱거린다
누군가 울음의 알리바이가 필요한 모양이다

그리워 몸살이 나는 사람아
강변에 가자

가서, 그리운 얼굴
수제비 끓이듯 뚝뚝 떼어 띄워 보내자
젖은 목소리 발라 띄우면
더 잘 흘러가리니
노을 젖은 강변에서 멋있어 보이려면
선글라스 끼고 머플러 휘날릴 일이 아니다
그리워하면 멋져 보이기에
그리워할 일이다
누군가의 이름을 나직이 불러볼 일이다

그러면 너무도 멋이 있어
떠나간 이 돌아오리라
보트를 타고 물보라 일으키며
강을 건너오리라

그리움 2

1.

한낮에 잊었던 그리움이
해질 무렵 다시 일어납니다
그리움도 외출을 하나보지요
이 동네 저 동네
보고픈 이를 찾아 기웃거리다
지치고 힘들어 되돌아왔나 봅니다

한낮 동안 잠잠했던 그리움이
저녁 무렵 다시 출렁입니다
흐릿하고 희미해지는 시간
아주 잊힐까 두려운가 봅니다

한낮 동안 숨죽이고 있던 그리움이
노을 아래 다시 일렁입니다
붉은 노을이 보고픈 이의 피눈물인가 봅니다

한바탕 그리움이 휩쓸고 간 허탈한 밤
그리움 몰래 일어나
사전에서 '그리움'이란 단어를 지웁니다.

2.
그리움도 바람이 드나보다
해만 뜨면 집을 나갔다
해 지면 돌아오는 걸 보니
게다가 힘들다는 넋두리까지

그리움은 익명(匿名)도 즐기나 보다
얼굴 흐릿해지면
사람 못살게 하는 걸 보니

그리움이 노을을 보게 하면 안 되지
핏빛을 보면 흥분을 하지
안절부절못하며 눈물을 쏟아내지

이젠 안 되겠어
그리움에게 술을 먹여야겠어
벌겋게 취해 잠이 들면
그리움이란 단어를
사전에서 지워버려야겠어
아예 빼버려야겠어

그리움 3

베란다 모퉁이에 서서
눈망울 깊은 곳에 어둔 풍경 담아내는 일을
그리움이라 하지 않으리
그리움은
외로움의 앞자락에 묻어 있는 것이 아니기에

폰을 만지작거리며
눈가에 늪 만드는 일도
그리움이라 하지 않으리
그리움은
슬픔의 끝자락에 매달려 있는 것이 아니기에

기쁨에서 시작하여
기쁨으로 끝나는 일이
그리움이어야 하기에
여행 가듯 마음 조각을 비행기에 태워 보내고
소풍 가듯 낯익은 이름 구름에 불러 싣는 일을

그리움이라 하리

가느다란 손 떨림이나
소리 없는 어깨 들썩임에 섞이어
더불어 아련하게 멀어질지라도
여행 가듯, 소풍가듯
노을 색 소식 띄워 날리는 일을
그리움이라 하리

흔들림

바람 한 점에
풀잎 흔들림 한 번이면
지금 밖에는 바람이 얼마나 불고 있는 것인가?

풀잎 떨림 한 번에
마음 흔들림 한 획이면
내 마음은 지금 얼마나 흔들리고 있는 것인가?

흩뿌려지는 비에 아스팔트는 젖고
자동차 브레이크등 빛은 루주처럼 길 위에 붉게 번지는데

비 한 줄기에 눈물 한 방울이면
나는 지금 얼마나 울고 있는 것인가?
속으로 얼마나 흐느끼고 있는 것인가?

비

그리움이 쌓여 하늘에 닿으면
구름이 되고

외로움이 영글어 구름에 실리면
빗방울이 된다

자분자분 내리는 비

누군가 이곳에 사는 이를 몹시 그리워하나 보다
보고픈 사람 사는 땅에 부서지고라도 싶은 사람이 있나 보다

오후 내내 내리는 비
몸이 녹아 흙바닥이 되도록까지 젖고 싶다

순수한 여인

정수기를 막 걸어나온 여인이 있어
그녀를 만난다.
세월의 잡티를 필터로 걸러낸 사람
커피 잔에는 그윽한 향기를 담고
종이컵에는 경쾌한 생기를 담아 건네는
뜨겁기도 하고 차갑기도 한 여인
그 물 한잔이면
마른 가슴도 두근거리고
굳은 얼굴도 환해지는지라
온 몸이 들뜨다 못해 아파오는 오늘
비비듯 물 꼭지를 눌러
그 정갈함 기꺼이 마시고 싶다
깊은 밤에도 꿈틀거리는
갈증을 재우고 싶다.

봄비 오는 날에는

봄비 오는 날에는
세상 모든 그리움을 강물에
띄워 보내고 싶다
가을 어느 날
갈대꽃 되어 돌아올지라도

봄비 내리는 날에는
세상 모든 슬픔을 강물에
띄워 보내고 싶다
겨울 어느 날
하얀 입김 되어 돌아올지라도

봄비 오는 날에는
유리 얼룩 같은 날들을 벗어나려 한다

6월의 바람

6월의 바람은 유혹이다

6월에 부는 바람은
땀 식히는 바람도
과일을 익게 하는 바람도 아니다

6월의 바람은
겉옷을 벗게 하는
감추어진 욕망을 드러내는 바람이다

6월의 바람은
스치기만 하여도
잠든 욕망이 깨어나고
눈빛은 방향을 상실한다

6월의 바람
누구도 그 유혹을 피할 수 없다

운명처럼 다가오는 바람의 유혹

그 바람결 속에서 그대와 내가
할 수 있는 일은
바람에 마음을 마냥 펄럭이는 일
바람이 지나간 후에는
단지 추억하나 더해지기만 기도하는 일

6월의 오후
벤치에 앉아 있을 뿐인데
거리를 걷고 있을 뿐인데
시장에 물결이 인다

바람이 불어오기 때문이리라
6월의 바람이 스치기 때문이리라

가을 하늘

가을 하늘
문득 올려다 보니
하늘이 무척 높아졌다

하늘이 높아진 것만큼
나로부터 하늘의 이치가 멀어졌는가?

길에서 마주친 사람을
왜 이리 후려치고 싶은가
코뼈가 부러지도록

값나가는 물건이 왜 이리 갖고 싶은가
없으면 훔쳐서라도

거리에서 눈 마주치는 낯선 여인과
왜 이리 연애질을 하고 싶은가
진한 몸짓으로

가을 날

높아진 하늘과 넓어진 땅의 틈새로

얼굴 내밀어 세상 밖을 보고 싶다

가을 햇살

봄볕에는 얼굴이 탄다지만
가을 햇살엔 마음이 탑니다
타다 못해 숯덩이가 됩니다

가을 속으로 눈부시게 떠나간 그대
숯덩이 마음으로
떠난 이의 얼굴 그리고픈 심정 아시는지요
그 이름 목이 쉬도록 부르고픈 마음 느끼시는지요

봄 햇살의 외로움은 나눌수록 적어지지만
가을 햇살의 외로움은 나눌수록 커집니다

높아진 가을 하늘 아래
수취인 없는 주소로 배달되는 햇살 한 묶음

억새밭

맨살을 드러낸 여인이 여기 누워 있다
십 대의 신비감
이십 대의 발랄함
삼십 대의 향기로움은 없어도
아직은 긴장감 흐르는
사십 대의 곡선을 불근대는 햇살 아래 드러내고 있다
거침없는 바람의 손길아래 민감한 살을 움찔거리고 있다

윤기 흐르는 금빛의 유혹
멀리서 보기만도 아찔한데
다가서기만도 이렇게 숨이 찬데
그 밭에 발 들여 놓을 수 있을까?
빠져든 발 되돌려 나올 수 있을까?

도도한 에로티시즘의 땅
늦가을 억새밭

가을에

가을에 멜로 영화가 보고 싶은 까닭은
지난 여름 비가 많이 왔기 때문
넘치도록 머금은 물기로
눈가에 습지를 만들어야 하기 때문

가을에 우두커니 앉아있게 되는 까닭은
풀벌레가 울기 때문
벌레 소리에 취하여 모두 잠이 들면
혼자 두리번거려야 하기 때문

손끝 아리는 줄거리가 있고
그 속을 걸어가야 하기에
더 아름다운 시간
가을

가을이 아름다운 까닭은
하늘이 높기 때문

주름 많은 추억이라도
하늘 높이 띄워보면
애드벌룬처럼 아름다워 보이기 때문

가을에 할 일

텅 빈 길을 홀로 걸어가도
흔들리지 않기

흔들리더라도
울먹이지 않기

울먹이더라도
눈물 흘리지 않기

눈물 흘리더라도
주저앉지 말기

주저앉게 되면
그리운 이 찾아 나서기

사랑하는 이여
그림자라도 볼 수 있게

숨소리라도 들을 수 있게
너무 깊이 숨지는 마십시오
홀로 걸어가는 길은
너무나 낯설어
방향을 잡을 수가 없습니다

휘청거리며 다가오는
가을의 할 일

가을

가을이 '깊어' 갑니다

봄은 '짙어져' 가고
여름은 '무더워져' 가고
겨울은 '추워져' 가지만

낙엽 뚝뚝 떨어지는 이즈음 계절은
넓어지지도 않고
강인해지지도 않고
깊어져 갑니다

사랑에 빠진 중년 남자의 눈동자 같이
애기를 바라는 여인의 속살 같이
광석 캐는 동굴 같이
가을은 매일 매일 깊숙해져 갑니다

져서 사라지는 절망감을 애써 숨기려

가을은
밤마다 홀로 깊어져 갑니다
안내판 하나 없는 그 곳에서
휭~하니 그렇게
깊어져 갑니다

가을을 탑니다

밑 터진 자루의 알곡식같이
마음 흩어지는 9월 언저리에는

간절한 마음으로 붙여 올린 초가 타듯이
가을을 탑니다

고래를 잡으러 고깃배를 타듯이
가을을 탑니다

삽사리 목털같이 기분 엉키는
10월 즈음에는

단정하게 가르마를 타듯이
가을을 탑니다

옻을 타듯이 온몸으로 민감하게
가을을 탑니다

어둑한 놀이터에서 그네를 타듯이
가을을 탑니다

들길의 잡풀같이 몸 잦아드는
11월 무렵에는

지쳐 아득해지는 시간에 커피를 타듯이
가을을 탑니다

백결 선생이 허기를 잊기 위해 거문고를 타듯이
가을을 탑니다

무당이 작두를 타듯이
가을을 탑니다

청하지도 않았지만 찾아온 계절
그 질감을 감당할 길이 없어

가을을
이렇게도 타보고 저렇게도 타봅니다
나는 그렇게 가을을 탑니다

겨울날

겨울날
따뜻한 사람들은 마당을 쓸지만
가난한 사람들은 글을 쓴다

하여, 겨울에 쓴 책을 펼치면 눈이 내린다
글자에 갇혀있던 암청색 기억들이
하얀 눈 되어 훨훨 내린다.

마음 추운 사람들이
눈을 만들면
몸 따뜻한 사람들은
눈길을 만드는
겨울날

저린 손으로 써 내려간 이 시는
언제 눈 되어 내리는가?
그 눈 누가 쓸어내는가?

비누 세수

연애질은 비누 세수와 함께 시작된다

지난 밤 잠들기 전까지도
모든 것들이 시시했었는데
후줄근했었는데

아침에 일어나
비누 세수를 하고 보니
보이는 것 모두가
끌리는 사람처럼
가까이 있고픈 애인처럼
미끈해 보이고
영롱해 보이고
향기로워진다

비누 세수를 하면 연애가 하고 싶어진다

비누 만지는 일이
겉모양 다듬는 일이라 하더라도
정갈한 얼굴로 길에 나서고 싶다
비누 만지는 일이
거품 일으키는 일일지라도
세수한 사람과 이야기 나누고 싶다

손에 비누를 묻히어 얼굴에 부비는 일
그것은 세상일과 연애를 시작하는 일
그대와 내가 매일 아침 하는 일

입산금지

5월의 산에는
인화물질을 들이지 말라는데
나는 어떻게 해야 하나

예쁜 봄 여인을 보면
라이터인양 불꽃이 튀는 나는
어떻게 해야 하나

– 어제 밤 꿈에 손발이 묶여 있었는데

은밀한 눈길이 와 닿으면
확 달아오르는 나는
어떻게 해야 하나

– 오늘 밤 나는 프로이트가 그리울 것이다

불낼 조짐을 보이는 사람은

바싹 마른 산에 오면 안 된다는데
허구한 날
불장난하고 싶은 나는
훈남미녀들이 간다는 5월의 산에
가야하나 가지 말아야 하나

눈물

슬픔 한 포기 가꾸어 핀 꽃은 아름다울 거야
반짝이는 햇살아래서는 지중해 물결같이 눈부실 거야
바람 불어 향기 퍼지면 아람브라 궁전같이 황홀할 거야

아무리 깊은 슬픔이라도 잘 가꾸면
아름다워 지는 거야
아무리 넓은 외로움이라도 잘 쓰다듬으면
향기로워 지는 거야

그래서 나는 지금 슬픔에 물을 주고 있는 거야
슬픔의 꽃잎이 열리도록

- 슬퍼서가 아니라
슬픔을 위해서 눈물을 흘리다

상처에 좋은 약 없나요

실연한 옆집 처녀
돌아선 남자가 남긴 말
따갑고 쓰리다는데
마음의 상처, 흉터 없이 아물게 하는
'후시딘' 같은 약 없나요

실직한 앞집 아저씨
마음에 상처가 났다는데
마누라와 자식의 무시에
상처가 크게 덧났다는데
이런 상처
고통 없이 아물게 하는 그런 약
어디 없나요

언제 입었는지
무슨 일로 생겼는지도 잊어버린
내 마음의 상처

아리다 못해 잠도 못 잘 지경인 이런 상처
낫게 해 줄 약 없나요
혹시 누구 가지고 있지 않나요
'복합 마데카솔' 같은 약 없나요

충전기

충전기 어디 없나요
배터리 빗금이 한 칸밖에 남지 않았어요
나눠야 할 이야기가 많이 남았는데
연결이 끊어질 것이라는 시그널이 떴어요
잊지 말아야 할 얼굴
놓치지 말아야 할 경치 찍어
갤러리에 담아야 하는데
시간이 많지 않다는 신호음을 울렸어요
풀어야 할 오해가 아직 있는데
추억을 더 만들어야 하는데
눈은 침침해 지고, 손끝은 무뎌지고 있어요

충전기 가진 사람 어디 없나요
꼽으면
구름 뒤에서 해가 나타나듯
단비에 풀잎이 초록을 되찾듯
그렇게 새로워지는 충전기 어디 없나요

바람의 언덕*

날려 보내고 싶은 기억들이 쌓이면
바람이 된다

바람의 언덕

지우고픈 기억들이 얼마나 많았기에
언덕이 되었는가?
언덕 오른 사람들이 얼마나 많기에
바람이 이리도 부는가?

바람이 몸을 감싸 흐르고
언덕 위 들꽃이 흔들린다
누군가의 아픈 기억이
떠나가나 보다

그래 보내야지
마음의 기억과 함께

몸에 남은 기억까지
기꺼이 띄워 보내야지
파도소리가 잦아들기 전에
바다 안개 밀려와 안경 뿌예지기 전에

처음부터 기억이 없었던 것처럼
웃어 보여야지
그리고 언덕을 내려가야지

* 거제도 남쪽에 있는 관광지

피렌체

광장에선 모른 척 하더라도
좁은 골목을 돌아 우연히 마주칠 때는
피렌체여, 미소라도 지어다오

'천국의 문' 앞에선 스쳐 지나치더라도
귓속 말 하는 듯 일렁이는 붉은 지붕 울컥 솟구쳐 오른
델피오레 두오모*
그곳에선 기도라도 해다오

– 베아트리체**를 찾아 나는 지금 서성인다

피렌체여

베키오 다리, 나는 이쪽 길을 가고
너는 반대 쪽 길을 오더라도
부디 아르노 강물에 환한 얼굴을 띄워다오
피렌체여

다녀온 기억 흐릿해진 어느 날
갈대 잎 서걱대는 강변에서
그 황홀했던 시간 받아볼 수 있게

* 피렌체에 있는 대성당
** 르네상스 시대 피렌체의 대시인이었던 단테의 연인

상실의 나라

노을이 지면
무언가를 찾는 나는
상실나라 사람이었나 보다

어둑해진 만큼
가슴 한 모퉁이가 답답해지는 나는
상실나라의 이민이었나 보다

상실나라 사람들의 손은 언제나 차갑다
하여 상실나라 사람들은 헤어짐에 손을 마주잡지 않는다

상실나라 사람들은 등이 없다
하여 상실나라 사람들은 떠나매 등 보이는 일이 없다

상실나라 사람들에게 약속이란 말은 없다
하여 상실나라 사람들은 돌아오마는 약속을 하지 않는다

상실나라 사람들의 손은 언제나 가슴에 있다
잃어버릴 때마다
떠날 때마다
가슴을 쓸어내리기 위해서이다

상실나라 사람들 손에는 무늬가 없다
긴긴날
쓸어내린 손은 도화지처럼 밋밋하다

땅거미가 오면서
모든 것이 형체를 잃으며
나로부터 떠나려 한다

오늘도 무엇이 떠나가려는지 헤아리며
떠나는 것을 붙잡기 위하여
나는 문밖을 서성인다

추억과 노을

그대 옷소매에 노을이 스며듭니다
빈 뜰 같은 눈동자에 미소가 파동 치는 그대
지난날을 생각하시는 지요
노을 속의 추억은 감미료보다 달고
향수보다 향기롭습니다

그대 일어나셨습니다
추억의 길을 가시려는지요
추억의 길은 끝이 없지만
어둠은 곧 찾아 들지요
추억의 길에는 가로등이 없습니다

기침을 하셨습니다
공기가 차갑네요
노을로는 몸을 데우지 못합니다
방으로 드실 시간입니다
아직은 많은 날을 살아가야 할 그대

추억은 사진틀에 있을 때 가장 아름답습니다
추억에서 걸어나와 식탁에 앉으십시오
저녁을 드셔야지오
추억은 양식이 될 수 없습니다

노을이 제자리를 찾아듭니다
추억은 추억일 뿐입니다
추억을 노을과 함께 접어
어둠의 서랍에 넣으십시오
서랍장은 제가 닫아 드리지요

차밭

기쁨이 넘치면 꽃이 되고
시름이 깊으면 풀이 된다

산속이라 하여 시름이 없을까
산속 움막이라 하여 기쁜 일이 없을까

비우고 떨쳐도
산속까지 따라오는 세상 일

기쁜 일들은 만 가지 꽃이 되고
시름겨운 일들은 흩어져 잡초가 되었다

산은 머물러도
마음은 손끝처럼 옮겨가는 것

그림자 길이에 쫓겨
조급해지는 시간

눈빛 흐려지는 우리에게 남은 일은
찻잎 따는 손끝 따라
마음을 옮겨가는 일

꽃의 기쁨도
풀의 시름도
찻잔에 담아내는 일

동백꽃

사랑의 길이 그렇게 힘들었던가

연인의 손이라도 잡고자 떠나온
긴 여정의 끝 남도 바다 마을
찬 겨울 바람도 식히지 못한 사랑의 열정이 끓어
홑겹의 꽃이 되었다
보고픈 이를 만날 수도
더 갈 곳도 없다는 절망감에서
피가 흐르도록 가슴을 치다 꽃이 되었다

두견이라는 새 한 마리 날아와
동백꽃에게 묻는다
연인의 길이 죽는 일보다 더 고통스럽더냐고

목련

천상 세계의 선녀가
사랑한 이
땅위에 있었나 보다

결연히 하계(下界)에 내려와
동장군의 감시를 피하며
산과 들을 헤매고 다녔나 보다
정인(情人)을 만나지 못한 쓰린 가슴을 안고
민가 마당 모퉁이에서 지친 몸을 쉬다
문뜩 하늘에서 가져온
고운 선녀 옷을 입고 싶었나 보다

겨울 외투를 벗고
조용히 뜰에 나와
목련, 그대로부터 사랑의 기품을 배운다

벚꽃

화장을 짙게 한 여인이
헤픈 웃음을 날리고 있다

큰오빠의 주먹질 같은 추위 속에서
겨우내 눌러 두었던 속내를 드러내 보이고 있다

오래 마주하기가 두려워지는 황홀감
운명을 걸고픈 홍취

내일을 기약치 못하는 여인이
바람에 엎혀 길 위를 같이 뒹굴어 보자고
팜파탈식 유혹을 하고 있다

속살부터 보자는 계절의 치근댐에
몸 가릴 새잎이 돋기도 전에
백치미의 자태로 현기증 나게 하고 있다

들꽃

거친 들판에 피었다고
자태마저 험할까

맵시가 곱다고
화분에 갇힐까

들꽃
자유로움과
아름다움을
아우르려는
처절한 열정

오늘
들꽃 한 송이
마음에 심는다

해바라기

다리가 있으면 달려가기라도 할 텐데
날개가 있으면 날아가기라도 할 텐데
입이 있으면 이름이라도 크게 부를 텐데

이도 저도 없으니 쳐다보기만 할 밖에
눈 부시는 애절함을 눈에나 담아둘 밖에

해바라기

한 순간이라도 보지 못하면 사라질 것 같고
잠시라도 눈을 떼면 영원히 보지 못할 것 같은 두려움에
눈꺼풀은 마르고 갈라져 노란 꽃잎이 되고
눈동자는 결지고 굳어져 흙색 꽃씨가 되었다

해바라기 키 만큼
외로움이 커지는 날
그대 보이는 창 앞에 서면

나는 꽃이 된다
온 종일 그댈 보고픈
해바라기 꽃이 되어 버린다

들국화

나들이 길
단 한 번의 눈 맞춤으로
사랑에 빠진 여인이 있었네
늪 같은 사랑이었네

그 여인
외길 정인(情人)과 한 몸 되는 꿈을 꾸었네
하얀 얼굴 보라색이 되도록 꿈을 꾸었네
양손 가득 담기던 얼굴이 엄지만 해지도록
훤칠한 자태가 잡풀에도 덮일 정도로
끼니도 거른 채 꿈을 꾸었네
운명을 가로지르는 꿈에 빠져버렸네

사랑병에 걸린 여인
집을 떠났네
정인 모습 하나 가슴에 품고서
길을 떠났네

가야 할 길이라며
기어이 떠났네

긴 날이 지나
바람이 전해 주었다네
길 떠난 그 여인 만났다네
억새풀 가득한 들판에서
그리던 정인을 만났다네
그러나 몰라보았다네
너무나 변하여 버린 그녀를 정인은 그냥 스쳐 지났다네
야속하게 눈 맞춤이 없었다네

남겨진 여인 사흘을 울었다네
서럽게 서럽게 몸부림쳤다네

그 여인 다시 길을 떠났다네
이후 그 여인을 본 사람은 없었다네

가을 어느 날
그녀 발자국 마다
꽃이 피었다네
예쁜 보라색 꽃이
들에 산에 피었다네
우리는 이 꽃을 들국화라 부른다네

지은이 | 목영해(睦暎海) |

우주 비행선이 처음으로 날아오른 해에 태어났다. 경남 김해의 시골에서 어린시절을 보내고 고등학교부터 부산으로 유학하여 부산대학교에서 박사학위를 받았다. 고 2 때 시를 긁죽거리기 시작하여, 근사하게 등단하려 벼르다 2004년『문예운동』을 통하여 비로소 공인된 시인이 되었고,『어린 시절 사진을 보며』,『그때 나는 사랑에 지쳐 있었다』,『기억되지 않은 날들을 위하여』,『작고 하찮은 것에 대하여』,『라디오 소리』라는 다섯 권의 시집을 세상에 내어놓았다. 매우 긴 역사를 가진 시공부 모임인 〈木馬〉의 동인으로 있고, 부산시인협회 부회장을 지냈다. 예전에 부산여자대학교라 불리던 신라대학교 사범대학 교수가 되어 지금까지 근무하고 있다. 미국 Princeton 대학에서 Visiting Fellow 자격으로 1년간 연구하였고, 대한민국학술원이 '우수학술도서'로 선정한 두 권을 포함한 16권의 (단독)전공도서를 출간하였으며, yhmok@silla.ac.kr라는 전자메일주소를 사용하고 있다.

이런 사랑 어떤가요 [목영해 사랑시 모음]

2018년 11월 15일 1판 1쇄 인쇄
2018년 11월 20일 1판 1쇄 발행

지은이 : 목 영 해
펴낸이 : 한 정 주
펴낸곳 : 교육과학사

경기도 파주시 광인사길 71
전화 : (031) 955-6956~8 팩스 : (031) 955-6037
Home-page : www.kyoyookbook.co.kr / E-mail : kyoyook@chol.com
등록 : 1970년 5월 18일 제2-73호

값 10,000원

ISBN 978-89-254-1332-7

Printed in Korea